Jürgen Zimmermann

Saisonlyrik

chiliverlag

Ebenfalls im chiliverlag erschienen (Auswahl):

DEUS IUDEX MEUS, Ralf Seeger, Autobiographie

Lichtläufer, Gerwine Ogbuagu, Historischer Roman

suchtraum, Sandra Stubbe, Roman

Fassadenflucht – Politische Dichtung der Gegenwart II

Herzschlaf, Gedichte und Kurzprosa über Trauer, Trost und Hoffnung

Stimmwirbel, Gedichte, Michel Ackermann

Machen! Silben, Sätze, Sensationen, Marc Mandel

Gatti – Katz'n, 21 krasse Katz'nstories

Abschreibungen, Satirisches und Lyrisches von Stefan Krückmann

Provozia, Ronald Zieger, Roman

wir wölfe – Gedichte, Eine poetische Hommage an unsere Tierwelt

Verstummung, Tier- und Naturschutzkrimis

Pappalappa Mirzapan, Gedichte für besondere Kinder

Tanze mit Raketenschuhen – Dance with Rocket Shoes, Alex Dreppec

ERROR SIX in India, Herbert Schoppmann, Roman

Sieben Häuser – Über die Angst, Delia Müller, Vorwort Peter Wawerzinek

Kammer der Tränen, Ingo-Maria Langen, Vatikanthriller

Klagelied winterzu, Fritz Deppert, Gedichte

Eva-Maria Silber & Kirsten Wilczek, Vor.Sicht Ab.Gründe, Crime Stories

1. Auflage Januar 2018

Lektorat, Gestaltung, Layout: chiliverlag

Bildmaterial Kapitel 1-13, S. 167, Autorenfoto Backcover:

Jürgen Zimmermann

Detaillierte bibliographische Daten sind unter http://dnb.ddb.de bei der Deutschen Nationalbibliographie abrufbar.

ISBN 978-3-943292-63-3 www.chiliverlag.de

Für meine Enkel
Max, Lucie, Anna und Valentin

Es ist nie zu spät, eine
glückliche Kindheit zu haben!
Milton Erickson

Inhalt

III Beziehungsstücke

IV Frühlingsgedichte

V Sommertheater

VI Herbstlieder

VII Winterchroniken

VIII Festschriften

IX Geschichtsschreibung

X Politiktalks

XI Schreibhefte

XII Urlaubskorrespondenz

Zur Einstimmung – *von Günter Specht*

habe in planung
ein floß für die berge
habe in planung ein luftschiff
fürs meer

was für ein klang was für ein rhythmus was für
mächtige bilder
da wo der prosamensch hunderte worte
braucht
reicht jürgen zimmermann die kurzform
die übersetzung in eine optische vorstellung

floß für berge luftschiff fürs meer
und schon ist die brücke geschlagen
hinüber ins reich der fantasie
hinüber ins reich des märchenhaften

und damit haben wir seinen schlüssel
den schlüssel zu guter lyrik

kluge gedanken aus bewegten erfahrungen
legen stege hinüber ins land der poesie
poesie verdichtet zu wortbildern
worte voller klang gebunden in wiegende
rhythmen
wie atmen, wie das atmen des lesers

auf einem pfad in den himmel zu dir

ich wünsche dir lieber leser
viele reiche stunden und viele funde
in diesem schatzkasten voller erleben empfinden
voller erfahrung und klänge

günter specht

I

Lebensläufe

l e b e n   l i e b e n

langsam gehen
rücken an wände drücken
außen nach innen schauen
im eigenen rhythmus sein

einfaches tun
füße am boden spüren
lächelnd unbeschwert spielen
sein leben lieben

k i n d s e i n

seine augen öffnen sich der außenwelt
seine hände berühren andere menschen
seine ohren lauschen fremden tönen

seine zunge schmeckt ständig neues
seine nase riecht unbekannte gerüche
seine seele kommt von einer anderen welt

n e s t w ä r m e

18 mullwindeln
4 strampler
wickelauflage
rutschfeste badewanneneinlage
1 set haarbürste und kamm
creme für den po
creme für´s gesicht
4-6 milchflaschen
1 desinfektionsgerät
1 kunststofflätzchen
thermowarmhaltebox
1 himmel mit himmelstange
spieluhr
2 schnuller
kinderwagen
babywippe
tragetasche
autosicherheitssitz

h e i m

an meinem haus
im dichten efeu
finden vögel ein heim
in gepolsterten nestern

in meinem land
in nachbarschaften
leben nestbeschmutzer
in geschützten räumen

in meinem raum
in der möblierten enge
wohnt einsamkeit
im kalten rund

unter der haut
um die verletzte seele
wächst wildes fleisch
zu nestern

o r t s c h a f t

mein ort
ist keines and´ren hort

ich allein
verweile dort

benutz dafür
ein langes wort

meinen
erinnerungsort

g e b e t

senke dein erdfarbenes tuch
über meinen alltag

dass sich berge erheben
und täler vertiefen

in die ich angstlos eintauche
aus dem dunkel der verantwortung

lass die sonne aufgehen
bevor es abend wird

h ä u t u n g e n

du trennst dich von ihrer fruchtblase
von deiner mutter
von deiner frau
von deiner freundin
von deinem freund

du trennst dich von deiner Arbeit
von deiner wohnung
von deiner stereoanlage
von deinem auto
von deinem mountainbike

du trennst dich von deinem trenchcoat
von deiner sonnenbrille
von deiner haut
von deiner niere
von deinem leben

wer sucht der findet

du suchst eine ausfüllende arbeit
und fühlst dich nur bearbeitet

du findest ein eigenes haus
und suchst doch ein zuhause

du bekommst vom ex eine abfindung
und kannst dich damit nicht abfinden

du suchst eine liebesbeziehung
und findest nur freundschaften

du suchst einen sinn im leben
und findest doch alles sinnlos

v e r g e s s e n

wohne überall und nirgends
finde ständig neue freunde
werde nicht mehr älter

trage windeln
singe nazilieder
gehe noch zur schule

mitgefühl verloren
ein schuh im kühlschrank
abhanden was ich war

und wer ich bin

e n t s i n n e n

bleiben bilder noch
wenn worte geh´n

duften düfte fort
wenn geschmack versiegt

klingen töne nach
wenn haut abstirbt

n a c h t g e b e t

lass mich
abstürzen
aus den steilhängen
der altlasten

lass mich
abschreiten
die mittelgebirge
der lebenslinien

lass mich
herabsteigen
aus den gipfeln
der jugendsünden

lass mich
zurückkehren
in die täler
der kindheit

lass mich
übergehen
in das reich
der totenstille

b r a u n z e u g

frisch geboren ausgeschieden
an kindheitstagen gern gematscht
in städten oft genug entbehrt

von nazis stumpf missbraucht

aus ihr kartoffeln gelöst
herbstliche vielfalt gesammelt
in kuren aufgeschlämmt

zum tode gebettet

f r a g   n i c h t

wann gelebt
buchhalter der zettelkästen

wohin geliebt
träger des lebkuchenherzens

wonach gesehnt
stammkunde der lotterieverkäuferin

warum geblieben
genosse der kunststoffzeit

wie gestorben
nachbar grüner witwen

v i e l z u f r ü h

gekommen

alles geschafft
kinder gestillt
kaum gegessen

totes pferd geritten
still gelitten

geblieben

an alle gedacht
oft ausgelacht

sinn gesucht
seele erhört
ewigkeit gefunden

gegangen

l e b l o s   l e b e n

finden kein
passendes wort
für sein
verschwinden

suchen nach
nebensätzen
unser verbleiben
auszuleben

n a c h r u f

warum nur musst du eben
im frühling von uns gehen
wo alle grünen welten
prall in blüten stehen
und die saat der jungen liebe
ins leben bald will gehen

doch kein menschenwesen
kann den grund verstehen
wenn liebgewonn´ne freunde
mitten aus dem erdenleben
in den himmelsgarten gehen
wo ewig frühjahrswinde wehen

und wir, die wir verlassen trauern
ein stilles schattendasein führen
müssen wie geknickte pflanzen
entfernt vom sonnenglühen
im leben aufrecht weiter wachsen
durch unser eig´nes licht erblühen

II

Tagebücher

r u h e l o s

manchmal finde ich ruhe
dann suche ich wieder
nach mehr als einem wort
ruhelos

g l e i c h z e i t i g

bügeln
essen
fernsehen

schwimmen
shopping
schönheitspflege

smartphone
dichterlesung
waschsalon

hin und wieder

tätigkeitsberichte
ruhen lassen
geschwätzigkeit
zum schweigen bringen
stand-bys
goodbye sagen
für stunden
unerreichbar sein

der stille
einen raum schaffen
dem atem
aufmerksamkeit schenken
den körper
gelassen halten
sich selbst
befrieden

e i g e n k a p i t a l

meide geradlinige wege
folge vergessenen pfaden
stolpere ins dickicht
baue hindernisse auf

steh mir selbst im weg
trete einen schritt zur seite
nehme rückschläge in kauf
ruhe auf bänken

mein kapital
ist der augenblick

d ä m m e r u n g

wenn blau die stunde
alle farben scheinen grau
fällt licht aus jeder bleibe
und wilde hunde bellen leis´

n a c h t k e r z e

was gelb war für eine nacht
vergilbt im ersten tageslicht
wer jung ist und bei mir wacht
bekommt bald falten im gesicht

schnell die tageszeit vertreiben
die man abschätzig verlacht
zur schlafenszeit wach bleiben
für das neonleuchten in der nacht

f r ü h e v ö g e l

sie erwachen
mit dem neuen morgen
fressen den
nachttrunkenen wurm

n a c h t e u l e n

sie sehnen
die dämmerung herbei
träumen von
fetter beute

d u f t q u e l l e n

schneidende neuschneefrische
belebende ostseebrise
modrige waldbodenfeuchte
duftendes mähwiesenaroma
verspielte blumenwiesensüße

r u h e p l a t z

ein
magischer ort
die kräftige esche am wegkreuz
über die sieben hügel hinaus
den freien blick seit generationen
mühsam dem wildwuchs abgetrotzt
die füße gelöst aus den zwängen
des schuhwerks, den krummen rücken
an den puls der rinde geschmiegt
den kopf in den augen der äste
zurück zu den wurzeln
gedacht
ein
zu
sich
kommen

s t i l l e

was bleibt, wenn
das auto nicht anspringt
die oelheizung versagt
der klingelstrom ausfällt
die wanduhr leer läuft
das telefonkabel bricht
der umluftbackofen still steht
der gefrierschrank abtaut
der radiowecker schweigt
der wasserhahn nicht mehr tropft
und alle stand-bys verlöschen

f r u c h t w a s s e r

das rauschen des einlaufenden wassers
mein gesicht an der brandung
die berührung von körper und emaille
meiner mutter leib
die ansteigende wärme
mein angenommensein
der geruch aus schaumkronen
meine begrenzte zeit

der heiße kräutertee
meine liebe zu dir
die zerrinnenden schweißperlen
meine alltagsängste
der gekachelte raum
meine einsamen strände
das flackern der kerze
meine sonne
das flackern der kerze
meine einsamen strände
der gekachelte raum
meine alltagsängste
die zerrinnenden schweißperlen
meine liebe zu dir
der heiße kräutertee
meine begrenzte zeit
der geruch aus schaumkronen
mein angenommensein
die ansteigende wärme
meiner mutter leib
die berührung von körper und emaille
mein gesicht an der brandung
das rauschen des auslaufenden wassers

i c h s e h e

ich sehe in schornsteinschatten
zeigefinger des todes

in verzweigten laubbäumen
ein geflecht aus stahl und rost

in straßenmitten breite risse
in deren tiefe soldaten kämpfen

in den fenstern langer häuserfronten
blutig ausgekratzte augenhöhlen

in menschen, die mir stumm begegnen
giftig an mir würgende hyänen

ich sehe in meinem spiegel den teufel
der sich seiner schöpfung schämt

m a s k e r a d e

wir maskieren uns
um uns näher zu sein

wir grölen schnulzen
um uns zu übertönen

wir trinken korn
um uns zu vergessen

wir schunkeln im takt
um kontakt zu bekommen

wir klatschen in die hände
um unsere meinung zu sagen

wir fallen ins bett
um maskenlos zu träumen

a n g s t

die höhe des himmels bedrückt mich
das blau des meeres verschluckt mich
die weite der landschaft engt mich ein
die distanz zur geliebten schmerzt mich
die hitze der gefühle verbrennt mich

doch ein finger vorm auge
verdeckt schon den mond

t r a u r i g k e i t

trage vergangenheit in mir
frage, ist sie makel oder zier

trage eigene ideen in mir
oder sind sie doch von dir

trage viel gefühl in mir
sodass ich unter menschen frier

trage meine seele tief in mir
kann nicht ewig bleiben hier

trage diesen text in mir
schreib´ ihn niemals auf´s papier

III

Beziehungsstücke

m e i n e   w e i t e n

einem so nahe zu stehen
bis nichts mehr weiter geht
einen nahestehenden ertragen
ohne selbst weiter zu kommen
einen so nahe kommen lassen
dass man das weite sucht

naheliegendes in der ferne finden
weiter sich selbst der nächste sein

a n n ä h e r u n g

anfangs anhimmeln
ansprechen, anfreunden
anbeißen, anschmiegen, anwurzeln
aber nicht anbiedern

e n t d e c k u n g s r e i s e

aus feuchtem ozeannebel tagnächtlicher irrfahrt
schält sich ein anmutiges inselgesicht

am rand des dschungels zwei tiefe augenseen
spiegeln die himmlische sinnlichkeit

dazwischen sanfthügelige nasenfelsen
filtern duftende botschaften aus den lüften

darunter leicht geöffnete kräftige lippenkrater
ergießen gelegentlich sich verhärtende wortlava

zarter flaum auf rosigen kinnklippen
durchweht von gestrandeten hoffnungen

tief versenkt unter korallenbänken ein muschelherz
gefüllt mit sehnsucht, leidenschaft und güte

wellenumspült drücken mich ihre kalten hände
weisen mir den ankerplatz in der nähe ihres herzens

d a m i t

willst deinen korb alleine tragen
damit ich deine stärke kenne

magst gern die kleine hexe sein
damit ich deinem zauber unterliege

antwortest schweigend manche frage
damit ich deine grenzen ahne

verbietest mir die tränen abzuwischen
damit ich dir die trauer lasse

verdunkelst mir die augen
damit ich dich schneller finde

bietest mir den weißen rücken
damit ich deine sinnlichkeit erspüre

a b u n d a n

rücken an rücken drücken
hände an hände halten
uns beatmen
uns erwärmen
ein herz
eine seele

und doch
ab und an
zurückfinden

seine seele spüren
sein herz trainieren
am eigenen herd wärmen
seinen atem anhalten
auf eigene faust handeln
seinen rücken stärken

und doch
ab und an
zurückfinden

rücken an rücken drücken
hände an hände halten
uns beatmen
uns erwärmen
ein herz
eine seele

g ö t t e r s p e i s e

nicht bewegen
nicht aufstehen

keine dusche nehmen
den rasierapparat ignorieren
keine wäsche wechseln
die elektrische zahnbürste übersehen
keine zeitung lesen
das radio zum schweigen bringen
keine brote schmieren
die kaffeemaschine kalt lassen
keine arbeit beginnen
dem computer frei geben

nicht aufstehen
nicht bewegen

nur ausharren in dem geschmack
einer mit liebreiz durchtränkten nacht

luftschlösser

habe in planung:
ein floß für die berge
ein luftschiff für´s meer
nen pfad in den himmel
und eine brücke zu dir

frühstück

ein halb geschmiertes
und ein angebissenes quarkbrot

schwitzender käse
und schmilzende butter

lauwarmer getreidekaffee
und wespen an der marmelade

zwei gepellte eier
und unbenutzte kleine löffel

ein liebestrank aus bauchnabeltassen
auf nachtwarmen matratzenlager

r o t

rot die feuer
die uns wärmen

rot die kleider
die wir tragen

rot die zimmer
die uns schützen

rot die lippen
die wir kosten

rot die liebe
die wir leben

n a s s

leere weingläser
verstellen den blick
auf das tanzende paar

sie schweben
wie paarende fische
in meinem mit trauer gefüllten nass

w e c h s e l j a h r e

gestatte mir ab
stand ich zu nahe
dir
verbrannte an selbst
zweifel dabei
welche liebe
die bewegtere sei

verspotte den an
stand ich noch vor
ihr
dachte ich mich frei
handel hier
hantiere dort
und laufe hinter mir

bestatte das ver
stehen auf eigenen füßen
ich
sehe mich als ein
siedel allein

ohne euch jedoch
fehlt mir ein bein

IV

Frühlingsgedichte

v o r f r ü h l i n g

der zug der wildgänse über gebrochenem boden
die haltlosigkeit schwarzer johannisbeerblüten
das grüne flächendecken ausgetretener winterspuren
und die heerschau der herbstkollektion

die bauplatzsuche vorlaut zwitschernder vögel
das warten frostscheuer apfelblüten
die spiegelung der sonne im teich
und wärmendes umschlingen wintermüder paare

das scheue flattern früh entpuppter schmetterlinge
das mikadospiel blattloser eichen im wind
unser schaudern inmitten von hagelschauern
und die trauer um blüten im eis

die enteneier noch kühlgehalten im feuchten laub
das abwerfen verschatteter äste vom stamm
die trompetensignale des wanderzirkus im winterlager
und meine verschnupfte frühjahrsmüdigkeit

v e r f ü h r u n g

stehe mit hummeln
auf pflanzengelb
schmecke frühling

besetze mit shorts
eine kalte bank
rieche frühling

unterliege mit musen
beim liebesspiel
denke frühling

w e t t l a u f

die einen, die gänse
schnattern schon am ziel

die anderen, die blumen
stehen in den startlöchern

die einen, die pfade
sind schon abgetaut

die anderen, die wassertonnen
tragen noch eisteller

die eine, die catalpa
versteckt sich im winterholz

die andere, die clematis
zeigt grünfüßige knospen

f r ü h j a h r s t r e i b e n

sonne wärmt den erdenschoß
himmelwärts sich farne rollen
vögel sammeln nestbaumoose
hopfen rankt sich mir ums bein

m a i l a n d

mai, der vielfaltgrüne
lieblich und leicht
mit blütenreinem duft
der herzkammeröffner

viel zu schnell vorbei

f r ü h l i n g   e r h ö r e n

zwitscherkonzert am frühen morgen
quakduett im löschteich
entenjagende erpel

menschen vertikutieren rasen
tauben vögeln im akkord
zitronenfalter finden lautlos ihr gelb

f r ü h j a h r   h ö r e n

zarter regen küsst die bodenhaut
saftgrün tuscheln jetzt die gräser
knospen brechen aus den zweigen
wild schießt der salat heraus

nachbarn schwatzen dicht am grill

V

Sommertheater

s o m m e r s e h n s u c h t

wenn wir den sommer herbeisehnen
gesellt sich auch der herbst hinzu
und der eisfuß des winters
steht in der türe

doch in uns
bleibt frühling

t a g e b u c h

ein flugzeug schraubt sich in die luft
und ist doch keiner möwe gleich
in gedanken fliege ich mit vögeln
ihre freiheit ist mein unendlicher himmel

g l ü c k w u n s c h

sonne
luft im überschwang
im herzen liebe
lobgesang
schaffensdrang
und müßiggang

s o m m e r b r i l l e n

hissen
das blaue himmelstuch
überlassen
die haare dem wind
verlachen
den herbst
erschrecken
den winter mit sonnenbrillen

s o m m e r r e g e n t a g

urlaub hinter beschlagener scheibe
mit flehendem blick zum horizont
statt wolken öffnen sich schleusen
die sommergarderobe trocknet nicht

wem kann ich davon berichten
auf feuchtem briefpapier
werde den regenschirm reparieren
träumen vom letzten sommer mit ihr

der lesestoff ist beim zweiten mal
auch nicht mehr so anregend wie zuvor
der abwasch schreit nach berührung
ich werde etwas heißes essen gehen

schreibe in die fade buchstabensuppe
der herbst ist gekommen
so schwer fällt mir ein lächeln
an diesem sommerregentag

s o m m e r   v e r r ü c k t

wieder prasselt der sommer
regen seit tag für tag

träume von wärme
perioden auf nasser haut

jucken am körper
gefühl wie herbst

zeit zu fliehen
wohin

w i l d e r   s o m m e r w e i n

will mich noch nicht verfärben
schön herbstlich bunt verderben
die kraft des sommers soll mir bleiben
will keine herbstzeitlyrik schreiben

VI

Herbstlieder

e i n   b l a t t

ich brauche nicht
ins weltall zu starten
um zu sehen
daß das welke blatt
unter meinem apfelbaum
dem mississippidelta
gleicht

ich muss nicht
gewebe vergrößern
um zu erkennen
daß das welke blatt
unter der linse
für unsere existenz
spricht

ich brauche nur
ein blatt in der hand

h e r b s t k i r m e s

nach bratfisch und softeis
nach riesenrad und gebratenen mandeln
nach selbstlenker und warmen bier
brechen wir in der krake
...
zusammen
...
denken an ein frühjahr
ohne rummel

w i n d v o g e l

auf dem stoppelacker läuft lachend ein kind
um den acker weht der septemberwind
über den stoppeln steigt ein drachen wie blind

er tanzt in den wolken wie unten das kind

jetzt reißt die schnur, er verschwindet geschwind
der künstliche vogel im auffrischenden wind
auf dem boden sitzt weinend das einsame kind

f r u c h t r a u s c h

spüre sanfte finger
die mich vorsichtig pflücken

berühre weichen himbeermund
der mich in atem hält

komme zwischen die zähne
die mich kleinmahlen

genieße die zunge
die mich auspresst

und schmeckt
bevor ich verschluckt werde

t u c h f ü h l u n g

zischend pfeifender
stöhnend schreiender
schluchzender herbststurm

standortverteiler
aller atemschutzmaskierten

prasselnd klatschende
spritzend springende
tosende herbstflut

angstgegnerin
aller seenotrettungsträger

benebelt verschlingendes
verhüllt dahinziehendes
fahles herbstfirmament

konkurrenzunternehmen
aller leichentuchfühlenden

keinen verschont er, der herbst

s p ä t l i n g

aus nebelfeldern
tritt herbst hervor

wortlos ausgestreckt
die feuchte hand

schon zögern
ist vergehen

h e r b s t t a g e b u c h

stille tage auf baltrum
neue horizonte abstecken
geist und gefühl in freiem fall
selbstvergessen
nach drinnen

wind bläst zum sturm auf
brandung spritzt an ziegelwände
sonne und mond blinzeln durchs fenster
naturbelassen
nach draußen

s i l b e r p a p p e l

ein lied in den lüften
ein tuscheln im wind
ein flirrendes rauschen
es tanzen geschwind

die boten des winters
mit silbrigem flaum
schattenseite des sommers
funkelnde spiegel am pappelbaum

zwischen sommer und winter
sie spielen auf zeit
halten den frühling fest
oder ziehen in die ewigkeit

noch ist kostbar was glänzt
auch der oktober hat seinen preis
sattgrün verfinstert sich dunkel
silber verklärt zum schneeweiß

stumm frieren in schwarzen mänteln
schon birken, erlen und linden
deine blätter tanzen den herbst
brechen ab erst bei östlichen winden

u n z e i t

die wand hinab
vom wind gebrochen
auf dem rücken
im schoß der artgenossen

verlor mein frühlingsgrün beizeiten
erst gelb, dann von den spitzen rot
ohn frost und wurm, lieg nur da
warte stumm auf jenen tod

h e r b s t c h o r e o g r a p h i e

sanft schwebt ein wildes weinblatt nieder
scheinwerfer wechseln ständig farben
äpfel klatschen auf den kunststoffrasen

hagebutten platzen plötzlich auf
eicheln trommeln auf den bühnenboden
entfernt schreit eine motorsäge auf

w i l d e r   w e i n

wild meine farben
die gespitzte form
wild die wespen
die mich kosten
wild die kälte
wenn wir rosten

b l ä t t e r f a l l

zwischen sommer und winter
spielen sie auf zeit
halten den frühling fest
oder ziehen in die ewigkeit

v o r v o r f r e u d e

september duftet nach weihnachten
spekulatius versüßender kaufrausch
kerzenregale stehen kerzengerade
lautsprecher säuseln: still, still, still,
weil´s kindlein schlafen will

h e r b s t f l u c h t

wind dreht nach osten
laubsauger tagein tagaus
schlagfenster knarren

blätter rauschen zu boden
wespenvölker verstummen
amseln drosseln ihren gesang

steige mit kranichen auf
zu klangvolleren ufern

ü b e r w i n t e r n

wenn blätter fallen
stürze auch ich
aus dem taumel
des sommers

suche einen schutzraum
im dickicht der städte
geborgenheit
zum überwintern

manches jahr fand ich dich nicht
vor dem wärmenden ofen
die weiche, sommergebräunte haut
so musste ich allein durch den winter

VII

Winterchroniken

i l e x

gern wild
und immergrün
mit spitzen stacheln

unnahbar
und heilsam
nur in maßen

b a u m s c h u h e

siehst du uns noch
beim liebesspiel
im frühjahrslaub
der großen bäume

du kamst auf leisen sohlen
zogst mir die schuhe aus
als durch dein nebelhemdchen
zwei helle sonnen strahlten

wir zitterten vor lust
fast einen sommer lang
dann kamen die kalten winde
und schüttelten uns ab

die schuhe aber
die wir vergaßen
hingen dort oben
noch zwei winter lang

f r o s t k l e i d

liege in letzter zeit
öfter sagst du
an deiner haut

hülle dich ein
du weißt wie
in weiße seide

vergesse zu leicht
und du auch
den tropfenden abschied

an wärmeren tagen

w i n t e r d i e n s t

habe für dich
salz bevorratet
in meiner seelenkammer

will dich liebend
warm halten
wenn der winter nicht abtaut

e i s e n d e

in einem ganzen eisstückrund
hob ich sie aus der regentonne
glatt und weiblich schön geformt
sehr kalt und gänzlich unbekleidet

so liegt frau winter vor der tür

sie glitt mir aus den fingern
auf den vermoosten rasen
der zufallslandeplatz gefiel
schien gut für eine eisskulptur

stündlich schmilzt sie mir dahin

krater, falten formten sich
heute fiel sie plötzlich um
das war die märzensonne
morgen komme ich heim

es hat sie nie gegeben

warme worte

habe eiszapfen gebrochen
hände voll schmelztropfen

sie versanken im schnee
bevor sie uns wärmen konnten

h e i ß e   w i n t e r

flammen über dem wald
luft schneidet kalt

hält uns das eis
mein ofen strahlt heiß

a n a n a m .

zum brief reicht´s
momentan noch nicht

ich ändere gerad´
mein kleines leben

ich schwelg´ noch nicht
im frühlingsgrün

ich brauch´ noch
selber stütze

komm´ hilf mir
aus dem winter

w i n t e r h o l z

du trägst die last des winters
den teil der weißen kälte
an dem wir uns erfreuen

deine knochen knacken im ostwind
dem stetig eisigen bläser
der uns auf der ofenbank lieben lässt

du versteckst unter eis und frostigem boden
den saftig grünen schatz
an dem wir weihnachten schon kosten

VIII

Festschriften

h o f s t a a t

der kaiser und die kaiserin
im tross das throngefolge
der könig und die königin

dicht hinter der durchlaucht
die bürgerlichen schützen
in galauniform getaucht

f l e u r o p a

unter den duft
der kolumbianischen nelken
mischt sich der gestank
deutscher pflanzenschutzmittel

an der farbenpracht
der edelsten rosen
kleben die hungerlöhne
nigerianischer arbeiterinnen

mein gut gemeinter blumengruß
wirft lange schatten
auf das grausame los
abhängig beschäftigter frauen

o s t e r d e k o

eier von hasen
süßes für die kleinen
segen in vierundsechzig sprachen
eierlikör für die großen

m u t t e r s c h a f t

nach 364 tagen männerherrschaft
eine sammlung für´s müttergenesungswerk
väter mit löwenmäulchen in papiermanschetten
kinder suchen das brot für den frühstückstisch
zu mittag isst man auswärts
nach dem kaffee schwarzweiße erinnerungen
ein bild vom überreichen des mutterkreuzes
wenig später leben gefallene söhne auf

g l a n z l i c h t e r

weihnachtsmänner brennen
strahlend
mit dem christkind
auf ein paar sternstunden
durch

sie schließen
erleuchtet
seine himmlisch zarte haut
wegen einem hauch festlichkeit
kurz

sodann schaltet
erhellend
das heer der schmutzengel
scharen von schutzengeln
aus

n ä c h s t e n l i e b e

festlicher einkauf bei
mode macht freude
geschenke mit internationalem flair
jetzt bauernweihnachtsschinken vorbestellen

geschenke für könner
weihnachtssonderangebote
glänzende geschenkideen
jetzt können sie noch mehr freude schenken

besonders wertvolle geschenke
für die liebsten nur das beste
vergolden sie ihr weihnachten
jetzt bleibt keiner mehr allein

w e i h n a c h t s m a r k t

als ein duft von des kaisers kaffee ausging
rafften sich auch mario und josefa auf
aus blankenhagen

sie folgten dem stromkreis der lichterketten
bis in das land der hölzernen hertiehirten
auf dem weihnachtsmarkt

im dunstkreis der leckerland futterkrippe
probierte ihr kind glühwein und gyros
auf marios rücken

schließlich und endlich
nach fleischgenuss von ochs und esel
übergaben sie sich zu dritt

geschenke

o h n e   s t ö r u n g

besinnliche weihnachten
und ein friedliches neues jahr
wünschte er seinen kolleginnen
bevor er
die tür seines hauses verschloss
den aufmüpfigen sohn draußen stehen ließ
einen kasten bier neben die krippe stellte
die frau in die küche schickte
und der tochter den neuen schlafanzug anprobierte
während es
an der wohnungstür heftig klingelte
die frau verhalten zu tisch rief
verkrallten sich seine feuchten hände
in dem goldenen haar seines erzengels
auch danach
lief der fernseher ohne störung

p h ö n i x

verbrannt
im aschegrau
vergangener tage

verharrt
in kalter glut
der novembertage

phönixgleich
auferstanden
an neujahrstagen

s i l v e s t e r

das vergang´ne alte jahr
denken wir fürwahr
auch wenn es öfter stresste
war immer noch das beste

das neugebor´ne jahr
wir ahnen es fürwahr
auch wenn es eben knallte
bleibt sicher doch das alte

IX

Geschichtsschreibung

f l i e g e r

ikarus
fliegend flüchtend
zu bodenloser freiheit

schneider zu ulm
fliegend gestoßen
zum balkenlosen nass

armstrong
fliegend geschossen
zum schwerelosen all

und ich
fliegend angstgeträumt
zu endlosen räumen

a n n e   f r a n k

mit nur 14 jahren in bergen-belsen
gestorben worden
schrieb tagnächtlich augenblicke
aus fensterritzen in tagebücher
erotischpolitischsanftgiftige texte
aus dem hinterhofversteck
zuletzt fragend: mensch hitler
wie gefiel ihnen meine gebrochene handschrift

z e i t w e i s e

weimar
stadt der dichter und denker
nationaltheater
goethes iphigenie
humanismus
.
jedem das seine
.
nationalismus
hitlers mein kampf
krematorium
stadt der richter und henker
buchenwald

zwielicht

in wilden dünen liegend
blick´ ich auf lichtgrünes meer
der himmel steht seiden
über der unschuldigen gischt

aus dünen wachsen bunker
grau färben landungsboote das meer
am himmel tausend fallschirmseiden
blutrot nach schüssen die gischt

n a c h d r ü b e n

zehn minuten freudig schätzend
entschlossen auch mit festem schritt
für die freiheit, für das leben

hastige atemzüge in der stille
kein wehmutsblick zurück
auf die sozialistische sklaverei

immer westwärts weiterkriechen
nur sterne weisen hier den weg
ein erster spurt, ein letzter sprung

halt, halt, sofort stehenbleiben
schüsse peitschen durch die luft
worte rufen keinen mehr zurück

ein paar meter auf dem neuen boden
heißer atem und pochendes herz
unverletzt und hoffentlich frei

u m k o p f u n d k r a g e n

es ist krieg
im wort
im bild
im ton
sieg in den köpfen

es ist krieg
tornados steigen auf
fregatten laufen aus
panzer fahren ab
niederlage an körpern

e l f t e r s e p t e m b e r

an diesen tagen
müssen wir ohne worte
auskommen

in diesen nächten
ohne schlaf
wachen

friedliebende kräfte
halten sich bei den händen
in einem weltumspannenden kreis

demonstrieren still
wer außerhalb
dieses ringes steht

k o l l a t e r a l s c h a d e n

flugmaschinen donnern von pisten
werfen tiefe sandkrater auf

vögel verlieren ihre flugsicherheit
treiben im ölstrom zum meer

panzerkarawanen durchpflügen wüste
versprengen orientierungslose kamele

oasen färben sich blutrot
brennen in der mittagshitze

ein zensor setzt die sonnenbrille auf
und rotzt ins mikrofon

zweitausend angriffe schon
nur eine mutter verbrannte mit sohn

bunkerbombardierung

ein ton sprachloser gelenke
ein stich erstarrter ohren
ein hören blinder münder
ein lichtblick tauber nasen
und schreien gebrochener augen

l e b e n s h u n g e r

habe es satt
albern, ironisch, überschwänglich
oder wahnsinnig zu werden
um gegen die realität zu bestehen
die stillhält trotz grenzenlosem grauen

habe es satt
bettelnde,kranke, verstümmelte,
oder getötete menschen zu sehen
weil ich ihren sehnsüchtigen hunger
nach leben alleine nicht stillen kann

Man parkt nicht vor e
Einfahrt. Das hat auch
Gültigkeit für die Weltve
besserer.

(Zettel an meiner Windschutzscheibe)

X

Politiktalks

n a c h r i c h t e n

... so we are strangers in this word

kommen sie zur amerikanischen woche bei mc donald

marathondebatte zur abtreibung in bayern
leichtathleten haben heute einen freien tag in atlanta
er begrüßt die entscheidung außerodentlich
wie aus gut unterrichteten kreisen verlautbarte
ganzer stadtteil in atlanta wegen bombendrohung
abgesperrt
massiver polizeieinsatz um das versammlungsverbot
durchzusetzen
zeigen die bemühungen den wirtschaftsstandort zu
sichern
zu recht die abschiebung einer fünfjährigen türkin
durchgesetzt
absatzrückgang der windenergieanlagenhersteller

wind weht zeitweise aus nordwest

auf der A 28 zwischen weener und leer ist nur eine
spur frei

bei uns sind sie immer fünf minuten früher informiert

sexy eyes mit sahne bumschlabada ...

doppelleben

ich bin der arbeitslose
der eine sitzblockade durchführt
und der parlamentarier
der an seinem sessel klebt

ich bin der junge skinhead
der ausländer in asche legt
und der freundliche nachbar
der sich schützend vor sein haus stellt

ich bin das vierzehnjährige mädchen
das in einem boot aus vietnam flieht
und der schleuser
der es brutal vergewaltigt

ich bin der oberflächliche
der vor sich selbst davonläuft
und der der selbstgespräche führt
um mit sich frieden zu schließen

a b r i s s

ecke
mauritz
straße
ein brü
chiger
kotten
ein kissen
im fenster

die schei
ben zer
split
tert
gar
dine ge
ris
sen

der fensterflügel
ein spielball
der schwankenden
abrissbirne
ecke
mauritzstraße
ein kissen im
staub

w o h n u n g s n o t   9 1

ap 3.91.1
biete 36 qm dachgeschosswohnung
mit dusche und kochgelegenheit

ap 3.91.2
biete alleinstehender person
36 qm dachgeschosswohnung
mit dusche und kochgelegenheit

ap 3.91.3
biete weiblicher person bis 45 jahre
36 qm dachgeschosswohnung
mit dusche und kochgelegenheit

ap 3.91.4
biete weiblicher person bis 35 Jahre
36 qm dachgeschosswohnung
mit dusche und kochgelegenheit

ap 3.91.5
biete weiblicher person bis 35 jahre
36 qm dachgeschosswohnung
mit dusche und kochgelegenheit
gegen gelegentliche Mithilfe

ap 3.91.6
biete weiblicher person bis 35 jahre
36 qm dachgeschosswohnung
mit dusche und kochgelegenheit
gegen ehe auf zeit

ap 3.91.7
biete weiblicher person bis 35 jahre
36 qm dachgeschosswohnung
mit dusche und kochgelegenheit
gegen ehe mit meinem guterzogenen sohn
enkel erwünscht

s c h u t z z a u n

ich sehe sein gewehr
er übersetzt mein antikriegsplakat
dazwischenfestgeknüpftermaschendraht

ich habe wut im bauch
er fühlt sich bei der friedenssicherung missverstanden
dazwischenfestgeknüpftermaschendraht

ich denke an seine toten kameraden am golf
er denkt an die überfällige erhöhung des wehrsolds
dazwischenfestgeknüpftermaschendraht

ich lege hand an den zaun an
er schlägt mit dem gewehrkolben zu
dazwischenleichtverrutschtermaschendraht

k l a s s e n g e s e l l s c h a f t

´überlegene leistungsentfaltung
in allen situationen´

superreichen leuchtet der stern
der automobilen oberklasse

arbeitern der unterklasse
fallen ein paar vw-sterntaler ab

f a l s c h m e l d u n g

um neue arbeitsplätze zu schaffen
baut man arbeitnehmerrechte ab

um den inneren frieden des landes zu sichern
errichtet man mauern gegen flüchtlinge

um kriege zu verhindern
entsendet man militärmissionen

a r a s   w i n t e r a s y l

aus seines käfiggitters schwerenot
floh ara, buntgefiedert, überwiegend rot
in freiheit hieß er unter artgenossen: idiot
verschwind´ von unserem butterbrot

die braunen spatzen kleckerten mit kot
deshalb geriet er völlig aus dem lot
zerzaust, beschissen und verroht
sein federkleid war nicht die windermod´

das sah der rechte kater claude
der hielt nicht viel von dialog
schlug zur begrüßung kurz die pfot´
so war der fremde sittich tot

was lehrt uns diese fabelhafte zot´
achte europas einreiseverbot

m u l t i k u l t i

arbeiter aus afrika
und kollegen
aus libyen und algerien
fertigen in der schweiz
bali-schuhe
für den weltmarkt

s c h w a r z w e i ß

ein schwarzafrikaner
von einem weißen flecken
auf der weltkarte
jetzt im schwarz-rot-goldland
weiß gott wie
schwarz über die grenze

ein weißmacher
aus dem schwarzwald
weiß sich nicht zu erinnern
warum er ins schwarze traf
trotz seiner weißen weste

und wir schwarzseher
schauen wer weiß wohin
obwohl wir es schwarz auf weiß haben
wie schwarze
weiß gewaschen werden

s p r e n g s ä t z e

wir
laufen dem widerstand voraus
treten für gewaltlosigkeit ein
kämpfen für den frieden

wir
aktivieren uns gegen aktionäre
quälen uns für den tierschutz
blockieren kreuzungen für kreuzottern

wir
hupen gegen den autolärm
stehen den sitzstreik durch
beenden die durchhalteparolen

wir
pfeifen auf das stillhalten
verweigern den kaufzwang
versalzen das fressen der giftköche

wir
basteln grammatische sprengsätze
halten dem wortbruch stand
morden mit dem wort

w a h l k a m p f

an der wahlfront
tobt der plakatkrieg
um die konkurrenz abzuwehren
kommen auf werbefeldzügen
wortkanonen zum einsatz

w a h l p r o g r a m m

nichtsdestotrotzsozusageninfolgedessen
aberzusehendsvielleichtbeinahedochbestimmt
partoutdemgegenüberbeiweitemgarnichtsosehr
fordern wir
schlussendlichzweifelsohnewahlscheinlich
trotzdestonichts

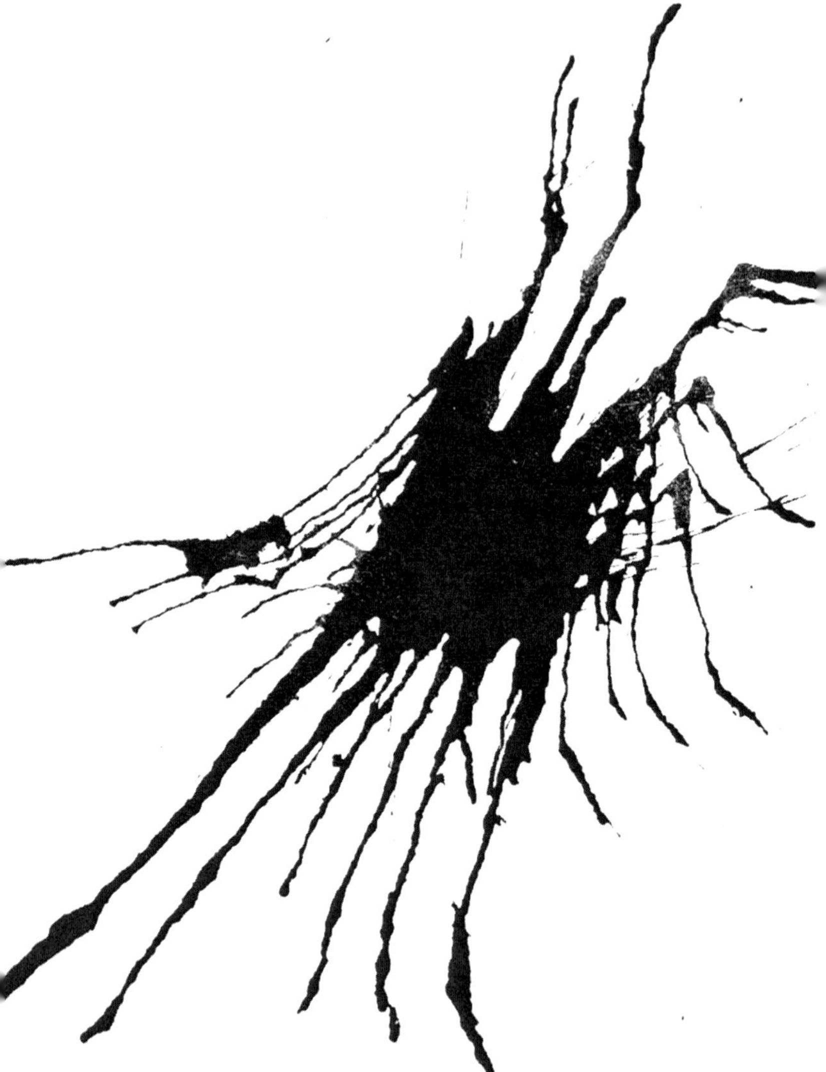

XI

Schreibhefte

hilfreiche worte

schreib anfang hier
eines kurzen textes
wie weiter wo
weiter wie gesagt
egal wohin
egal warum

wortlos

die worte
die sich so leicht sagen lassen
liegen so schwer
auf der waage alltäglicher dialoge
dass man ihnen leicht misstraut

dann
erlaubt man sich wieder
sie zu gebrauchen
wort zu halten:
leichtsinnig, schwerelos

umweltfreundlichkeit

dieses gedicht ist umweltfreundlich
bei der textherstellung sind
keine schadstoffe entstanden
reine poesie besteht bekanntermaßen
aus den naturprodukten
sprache und fantasie
alle hier angebotenen begriffe
sind weder einer radikalen behandlung
noch einem vorbeugenden gesinnungsschutz
unterzogen worden
sie sind ungeschminkt
und von natürlicher würze
viele wörter sind naturbelassen
ohne künstliche übertreibung
und stammen aus kontrolliertem
biologischen satzbau

s c h r e i b e n

s innieren
c elebrieren
h offen
r evolutionieren
e rleben
i rren
b ereuen
e rneuern
n egieren

schreibgründe

vermisste, hoffte
wünschte, ersehnte
erahnte,forderte
fühlte, verzweifelte

aber nichts geschah

bis ich schrieb über

vermissen, hoffnung
wünsche, sehnsucht
ahnung, forderung
gefühl, verzweiflung

s c h r e i b h e m m u n g

wenn sonnenlicht
durchs dickicht
kriecht

feierlich
im teich
sich bricht

zufällig
dein gesicht
erwischt

schlicht
deine traurigkeit
verwischt

verlischt
auch
mein gedicht

d i c h t e r z e i t

am sonnenstrahlenden zenit
verbrennt ein ganzes adjektiv

nach sommersonnenwende
spürt man schon des textes ende

im grellen sonnenlicht
vergilbt das letzte maigedicht

nach herbstlicher besonnenheit
scheint nun des winters dichterzeit

v o r s ä t z e

vorgestern
einfall gehabt
zu papier gebracht

gestern
idee einsortiert
und abgeheftet

heute
ordner ausgemistet
reißwolf gefüttert

morgen
nichts realisieren
mut zu träumen

s p r a c h f l ü s s i g k e i t

anfangs mögen die wörter
stillstehen wie ein teich
in sätzen dahinplätschern wie ein bach
von seite zu seite gemächlich fließen wie ein
strom

schließlich schäumen wie ein wildbach
spritzen wie eine fontäne
rauschen wie das meer
oder mitreißend donnern wie ein wasserfall

dann wieder flüstern wie eine verborgene quelle
und müde machen wie landregen
zuletzt ermutigen wie erfrischende brause
oder umwerfen wie ein wolkenbruch

Privato

XII

Urlaubskorrespondenz

meer hören

über der strandpromenade
trommeln die bänder der fahnenstange
atemlos den rhythmus der see

im westwind
hängt der geruch
von salzigen pommes

in den dünen
versucht sich ein maler
am blau des himmels

hier am strand
tätowiert die sonne
glänzende nacktheiten

hinter den wellen
tauchen neonfarbige dreiecke
wie fischflossen auf

zwischen mir und der sonne
mein schreiender sohn
vom meersalz gerieben

b e l l a   v i s t a

breit liegt die sonne auf dem largo di garda
nur weiße dreiecke durchkreuzen das gold
ora trägt den frühling in benachbarte täler

schroff weisen ihm felsen hinauf den weg
zu den gipfelspitzen ins ewige weiß
winterausverkauf gerettet in tunneln und grotten

schnell trocknet frische wandfarbe in riva
nur reisebusse tragen noch spuren von salz
pensionen fiebern nach hungrigen sonnengästen

weit schweift mein blick zu fernen ufern
taumelnd träumend bis zur atemnot
nehme ein zaghaftes bad mit den füßen

m ü n s t e r – g r a n a d a

kaffemaschine über chemischem klo
zwei tage eine nacht im zentrum der welt

eilig vorbeirauschende stadtlichter
entzünden verspielte feuerwerke

unser bus steuert stur nach süden
begierig der ersehnten sonne entgegen

39 walkmen schläfern individuell ein
das profil meiner sehnsucht heißt ute

wagner trägt mich adagiowohlig
über brandgerodete pyrenäen

wolkenschatten schleifen felsen glatt
in kieferkronen torkelt die sonne

in endlos langen leitplanken
tanzen spiegelnde radkappen

drinnen schleicht rotwein durch die reihen
draußen färbt sich der himmel blutrot

am morgen das weiß der sierra nevada
davor sehr majestätisch granada

m e i n   d a r ß

von rauen winden
wogendem leben
von schollen eis
und hitzigen gefühlen
geknickt

von sand gerieben
engagiertem tun
von salz zerfressen
und süßem liebesspiel
entwurzelt

von sonnentagen
unbekanntem schwindel
von hagelstürmen
und jahren traurigkeit
angestorben

von hoffnung grün
und frühjahrstagen
auferstanden

p r i v a t o

spannst stacheldraht zwischen hotelketten
und deinem verwunschenen paradies

hütest die bergige stille
vor den blicken gieriger touristen

grenzt dir ein stück himmel ab
neben der spiegelreflexnetzhaut

versteckst deinen hafen
aus verflossenen seefahrtträumen

sitzt als verletzte spinne
im geflickten netz rostiger drähte

fängst dir kleine fluchten ein
bis dich die schatten der berge erkalten

orawinde durch die maschen schlüpfen
wann und wo immer sie wollen

f e s t l a n d

antennen richten ihre ohren zum
weiterführende schulen gibt es auf dem
kulturvielfalt zeigt das
autos warten auf dem
verwandtschaft wohnt auf dem
mode macht das
müll geht zum
baustoffe kommen vom
kinder träumen sich zum
winde ziehen häufig zum

l a g o m e r a

fraulich streckt sich die insel ins meer
die schenkel umspült von lüsternen wellen
palmwedel streicheln die zerfurchten brüste
der ozean drückt mit orgiastischer flut
unter den klippen klappern die steine
die wellen schlagen jetzt stoß um stoß
die gischt spritzt tosend über die felsen
benetzen meine brennende haut

l a u t g e m ä l d e

schon tragen die wolken die farbe der sonne
über der caldera steht sie noch nicht

ein wind sucht in den bananenplantagen
den sanftesten weg in die taufrische ferne
er mischt hahnengeschrei, das hacken der chachos
den frisch angepriesenen fisch
aus fahrenden lautsprecherboxen
den hochtourig gequälten mopedmotor
von der weit entfernten rechtskurve
einen lauthals schimpfenden finken
im totbringenden maul der siamkatze
die obertöne der kreissäge
aus einem gespenstigen betonskelett
das zucken des rasensprengers
unter nachtgeschwängerten frühstücksdialogen

die wolken flaggen in gelb
jetzt strahlt sie über die berge

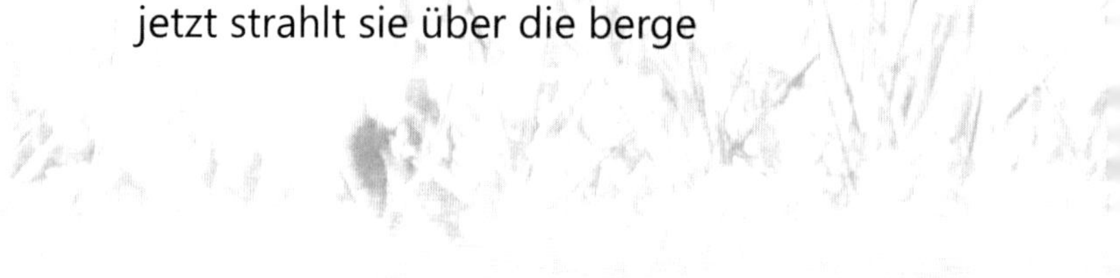

s e i n

auf der sandbank
rieselt
muschelkalk
durch meine finger

zeugt
vom kreislauf der welt

darüber seeschwalben
ziehen
luftlinien
mit seidenem flügelschlag

lassen
mich in leichtigkeit zurück

u n t e r   d e r   e i n e n   s o n n e

über den wolken bist du mir nah
du wanderst mit mir im baranco
wir duschen gemeinsam am wasserfall

im puerto sehe ich dich mehrfach von hinten
du bewohnst die guanchenhöhle im tal
wir liebkosen uns nahe der brandung

in der sekunde des sonnenuntergangs
wünsche ich über das glitzernde meer
du spürtest auch diese strahlung

s u c h s u c h t

zwei pferde ziehen eine kutsche
ein tandem rauscht vorbei
ein takt der zweisamkeit

zwei hände bilden eine schaukel
eine hand ruht auf der and´ren schulter
ein ohr lauscht einem mund

zwei lippen berühren einen atem
ein finger tastet über liegende haut
ein spiel wie ein klang

zwei möven bewachen ein nest
eine einwegflasche verloren am strand
alleinsam wie ich, wohlwissend

den schmerz nach glücklichen tagen
und trotzdem die sucht
des suchens nach ewigem bund

e r i n n e r u n g

schon wieder
hat uns der alltag
gefangen
vergangen
die tage der muße

schon wieder
bleibt nur erinnerung
gefangen
vergangen
die warmen winde
aus unendlichem blau
das lachen der menschen
die dort verblieben

schon wieder
sind wir sklaven der zeit
gefangen
vergangen

m a l l o r c a b l a u

ich habe das tor
zum himmel gesehen

folge den zahllosen stufen
nach fornalutz

springe über die brüstung
am cap formentor

falle weiter hinauf
über eremita de trinitat

dort schöpfe ich
paradiesisches blau

s o n n e n a u f g a n g

dampfendes vieh weidet auf graugrünen wiesen
nebelschwaden verhüllen jungfräuliche täler
das frühchen streift sein dunkles nachtkleid ab

silbrig glänzt das tautropfenwebtuch der almen
tief atmen die kiefern vor ihren langen schatten
raben wünschen sich krächzend mehr licht

das himmelchamäleon verfärbt sich zum blau
orangefarben straht´s hinter gezackten gipfeln
lichtstark erhebt sich die kugel aus flüssigem stein

der morgen schüttet sich aus mit feuriger eruption
die ersten strahlen erwärmen fröstelnde fingerkuppen
weit geöffnete herzpforten danken dem jungen tag

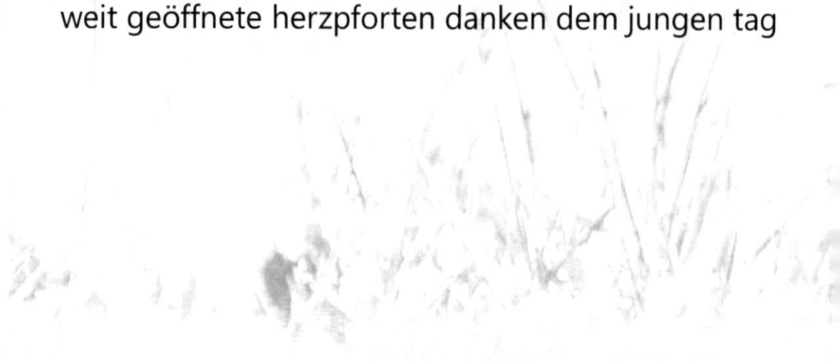

verso mezzogiorno

im dunklen zimmer nistet regungslos die
mittagsschwüle
ein greller sonnenstrahl durchkreuzt mein
briefpapier
seit stunden klebt es unschuldsweiß an oelig
feuchtem unterarm

der stift rutscht bleiern durch kraftlose
fingerglieder
im reich des geistes herrscht buchstäblich
lethargie
jetzt schreiben sie nicht, die südwärts
emigrierten dichter

unten kühlt das meer im wellengang die
siedenden touristen
wer gegen mittag keinen schatten hat, kann
ihn nicht mehr finden
nur im tal arbeiten noch unzensiert lautstark
glocken und zikaden

c i n q u e   t e r r e

manchmal schlage ich diese landschaft auf
bewohne das appartement mit dachterrasse
senke den blick über die leichte dachschräge
stürze abrupt in die tiefe des blaus hinab

springe über den weißen horizont zu dir
meine vergangene sommerliebe
bis dein kalter abweisender atem
die urlaubserinnerung umblättert

p o e l

zwischen schwarzem busch und breitlings bodden
geschwätzige häfen und einsame strände
flanierpromenaden und steiluferstiegen
das geschwätz weit ausschwärmender stare

unter dem lichtblauen weiten wolkenhimmel
die rotgedeckte kirchturmspitze im blick
im hörgang das wind- und meeresrauschen
ein stück deutsche demokratische republik

k l ü t z e r   w i n k e l

maissetzlinge linieren schwerbraunen boden
gelbe rapsfahnen wehen am horizont
grüne kornsaat schlägt landschaftswellen
insekten tanzen im flirrenden sonnenlicht

schattige alleen konkurrieren mit wilden hecken
weidenknospen brechen aus beschnittenem stamm
himmlische watten steuern nach nordosten
schwalben trudeln verspielt in der luft

von kreidestrichen errötet ein findling
der weißdorn nimmt am steilufer platz
gebleichtes treibholz liegt müde am strand
menschen suchen weiß gekleidete feuersteine

wellen schieben sich kleinlaut zum ufer
schilf trommelt seinen sanften beat
ewig reibend erklingen die nassen steine
ein hund verschluckt sich beim kurzen gebell

vielfältige schönheit nach innen atmen
mit allen gefühlen verbindung halten
von erhabenheit tief ergriffen sein
eintauchen in meine unendlichkeit

Kleine Wort

XIII

Kurznachrichten

1
selbstgepräch:
ich freue mich
dass ich mich freue

2
will sonne sein
die farbenfrohe welt
mit meinen strahlen malen

3
ich liebe die zeit
in der ich vergesse
arbeiten zu müssen

4
sammelleidenschaft:
ich suche nach dem
was der mensch vergaß

5
innenleben
jahrein – jahraus,
heut´ geh ich aus mir raus

6
ich setze den fuß
in die luft …
… und sie trägt

7
kindertage,
unter der kummerbrücke
ein boot mit sehnsucht

8
eigentlich
bin ich ganz anders,
komme so selten dazu

9
bleibe an keinem
ideal hängen,
stehe zu mir

10
denke nicht mehr
an den tod,
nehme mir das leben

11
wenn wachsein
nicht zum ziel führt,
tragen mich träume fort

12
warte nicht
auf geschenke,
verschenke dich

13
in schwärzester nacht
hält dein stern für dich
am himmel wacht

14
der schwermütige
hat es schwer
mutig zu sein

15
trau dich,
siehst du auch himmels
und hölles gesicht

16
während das publikum
zusammensitzt
ist der künstler einsam

17
warum willst du steh´n,
wenn sich alle weltdinge
ständig weiter dreh´n

18
der atem kommt
der atem geht,
die ruhe bleibt

19
zu sagen was man denkt
ist leichter als zu denken,
was man nicht sagen darf

20
die glauben zu wissen
dazu bringen,
zu wissen, was sie glauben

21
die buntheit der moderne
ist nicht im outfit,
sondern im denken zu suchen

22
der fanatismus der jugend
weicht der heiteren
gelassenheit des alters

23
ich muss respekt
vor der vernunft
des wirklichen lernen

24
das gegenteil vom falschen
ist nicht automatisch
richtig

25
horte nicht für die zukunft,
sammle
augenblicke

26
plane nicht die zeit
spiele
mit ihr

27
vergangenheit nicht zu kennen,
kann die zukunft
kosten

28
mit träumen
beginnt
die realität

29
zeit totschlagen
ist
leben streicheln

30
sucht ist flucht
flüchte
in das leben

31
kämpfe nicht
um liebe
liebe

Bildmaterial des Autors:

Kap. 1 Collage, *Göttlicher Fußabdruck*
Kap. 2 Klebstoff / Tusche, *Gesichtsausdruck*
Kap. 3 Reißcollage, *Verriss*
Kap. 4 Foto, *Konferenz der Farne*
Kap. 5 Tuschezeichnung, *Strandgut*
Kap. 6 Foto, *Baumtreter*
Kap. 7 Foto, *Schneeobjekt*
Kap. 8 Foto, *Tannen nadeln*
Kap. 9 Foto, *Großmarionette* (Straßentheater)
Kap. 10 Fundstück, *Belehrung*
Kap. 11 Tusche, *Kleckswesen*
Kap. 12 Foto, *Privatgelände*
Kap. 13 Foto, *Straße in Gütersloh*
S. 164 Foto, *Baumschatten*
S. 167 Fotos, *Haus* und *Autor*

Der Autor

Der *Paradiesbauer* Jürgen Zimmermann wurde 1949 im Bergischen Land nahe seines großväterlichen Bauernhofes geboren. Seine Verbundenheit mit dieser eigensinnigen und wilden Natur der Kinder- und Jugendzeit, als es über Stock und Stein, durch Wälder und Wiesen ging, zieht sich wie ein roter Faden durch sein gesamtes Werk.

Zum Architekturstudium wechselt er nach Wuppertal und macht dort die Bekanntschaft mit der schöpferischen Kraft der bildenden Kunst. In Bielefeld folgt ein Lehramtsstudium mit den Fächern Deutsch, Wirtschaftslehre/Technik und Bildnerisches Werken. Zeitgleich schreibt und arbeitet er in der frisch geborenen „Bielefelder Schreibwerkstatt" mit und betritt die Bühne des von ihm mitgegründeten „Kollektivtheaters Bielefelder Studenten".

Als ausgebildeter Lehrer ist die erste NRW-Gesamtschule, die heutige Bielefelder Martin-Niemölller-Gesamtschule, sein berufliches Zuhause. Vor seiner Pensionierung unterrichtet er anschließend 19 Jahre an der Gütersloher Anne-Frank-Gesamtschule als Klassenlehrer die Fächer Deutsch, Wirtschaftslehre/Technik, Kunst und Musik.

Gütersloh ist nun seit fast 40 Jahren sein Wirkungsort und seine Heimat. Hier erschafft er *sein Paradies* auf einem Hofgelände mittels Gartengestaltung, Bildhauerarbeiten, Schriftstellerei, Fotografie und musikalischen Kompositionen. Alles unter der Devise „Das Glück des Machens".

Dem Schreiben bleibt er seit der Jugend treu, zahlreiche Kurzgeschichten entstehen. Die Lyrik bleibt sein Herzensprojekt. In den *Spechtart*-Formaten *Labyrinth* und *spechtart.de* sowie im Literaturmagazin *Tentakel* hinterlässt er Spuren mit seinem seinem breiten künstlerischen Schaffen. Mit den *Audiohäppchen*-CDs klingen auch seine satirischen und humorvollen Seiten in Dramoletten und Kurzhörspielen an. Als mehrfacher Opa covert, komponiert und textet er Kinderlieder im *Duo Opa*, mit dem *Trio Allsaitz* spielt er Eigenkompositionen von Klassik bis Blues ein.

Jürgen Zimmermanns Werke zeugen von einer zeitkritischen Position, sei es als kommunalpolitisch engagierter grüner Ratsherr oder als Blogger auf seiner Seite *paradiesbauer.de*. Seit Dezember 2017 gestaltet er monatlich eine Seite „Ansichtssachen" im Gütersloher Stadtmagazin GT-Info. Als *Verzettelungskünstler* versucht er, die Menschen zu berühren und plädiert für eine offene, tolerante Gesellschaft.

www.paradiesbauer.de

wir wölfe – Gedichte

Eine poetische Hommage an unsere Tierwelt

Anthologie, Hrsg. Franziska Röchter, chiliverlag 2016,

Mit Fotos von Heike Großmann und Christine Zeides

ISBN 978-3-943292-45-9, 148 Seiten, Euro 9,90

Annähernd 60 Autorinnen und Autoren, unter ihnen Michael Starcke, Peter Ettl, Esther Ackermann, Thomas Rackwitz, Sören Heim, dichten über die Vielfalt und den Artenreichtum unserer Tierwelt. Aus den Gedichten und den Fotos von Heike Großmann und Christine Zeides spricht eine große Wertschätzung gegenüber Tieren und ein Erkennen ihrer unglaublichen Einzigartigkeit sowie Bewunderung ihrer Schönheit. Mal humorvoll, zunehmend aber auch ernsthaft werden Besonderheiten einiger Tierarten und Wissenswertes poetisch beleuchtet und ihr Dasein in Relation zum Menschen bespiegelt. Mit Gedichten des Anfang 2016 verstorbenen Bochumer Lyrikers Michael Starcke.

Alex Dreppec, Foto: Ellen Eckhardt

Alex Dreppec, **Tanze mit Raketenschuhen – Dance with Rocket Shoes: Wissenschaftsgedichte – Science Slam Poetry**

chiliverlag 2016, ISBN 978-3-943292-50-3,

180 Seiten, 12,00 Euro

Die vorliegende Zusammenstellung von Gedichten, die sich mit wesentlichen Gebieten wissenschaftlicher Disziplinen beschäftigen, um diese durchaus humorvoll zu durchleuchten und zu hinterfragen, ist absolut einzigartig. / The present compilation of poetry, which is about essential fields of academic and scientific disciplines in order to examine and question them in a humorous way, is absolutely unique.

Teile der vorliegenden zweisprachigen Sammlung erschienen vorab in angesehenen Zeitschriften wie „Cincinnati Review", „Notre Dame Review" (USA), „Orbis" (UK) oder „Das Gedicht". www.dreppec.de / Parts of the present bilingual collection were previously printed in renowned journals like „Cincinnati Review", „Notre Dame Review" (USA), „Orbis" (UK) or „Das Gedicht" (Germany). www.dreppec.de

Fritz Deppert, **Klagelied winterzu**

Gedichte chiliverlag 2017

ISBN 978-3-943292-57-2

84 Seiten, Euro 9,90

Fritz Depperts Texte sind Spiegel des Vergänglichen im Warten auf den Wandel der Jahreszeiten – persönliches Abschiednehmen und melancholisches Eintauchen in „traumsüchtigen Winterschlaf" als Hinweis, dass sich dem Kreislauf der Natur niemand entziehen kann.

Wenn es dunkelt und
Orion, der kopflose Jäger,
am Himmel auf Lauer liegt,
trinken wir uns in
traumsüchtigen Winterschlaf.

Foto: Godehard Lehwark

es gibt eine seite im weltweiten netz
die von einer fantastischen stadt erzählt
eine stadt über die selbst
die sonne staunt

viele menschen aber in ihrer eile
übersehen den zauber ... jene ... wenn
sie ihn sähen ... wohl glücklich würden
das gütersloher tagebuch

http://www.guenter-specht.de/aa-guetersloh.html